COMITÉ DE DÉFENSE & DE PROGRÈS SOCIAL.

Patrie. Devoir. Liberté.

SÉANCE

DU VENDREDI 12 FÉVRIER 1897

LE
ROLE SOCIAL
DE LA COLONISATION

PAR

M. J. CHAILLEY-BERT

EXTRAIT DE *LA RÉFORME SOCIALE*

3ᵉ ÉDITION

AU SIÈGE DU COMITÉ

54, RUE DE SEINE, 54

—

PARIS

Les conférences organisées par le Comité sont reproduites sous forme de brochures de propagande et mises en vente au prix de 0 fr. 05 chacune; au delà de 10 exemplaires, envoi franco sur lettre affranchie accompagnée du montant de la commande (en timbres-poste, bon ou mandat).

En vente :

N° 1. — **Pourquoi nous ne sommes pas socialistes,** par M. ANATOLE LEROY-BEAULIEU, de l'Institut.

N° 2. — **L'usage de la liberté et le devoir social,** par M. GEORGES PICOT, de l'Institut.

N° 3. — **Le progrès social par l'initiative individuelle,** par M. EUGÈNE ROSTAND.

N° 4. — **Le devoir d'aînesse,** par M. PAUL DESJARDINS.

N° 5. — **Le rôle et le devoir du capital,** par M. E. CHEYSSON.

N° 6. — **Le devoir social de la jeunesse,** par M. WAGNER.

N° 7. — **De la responsabilité de chacun devant le mal social,** par M. OLLÉ-LAPRUNE.

N° 8. — **Les assurances ouvrières et le socialisme d'État,** par M. ALBERT GIGOT.

N° 9. — **L'agriculture et le socialisme,** par M. D. ZOLLA.

N° 10. — **Le Comité de défense et de progrès social,** par M. A. LEROY-BEAULIEU.

N° 11. — **La liberté d'association,** par M. GABRIEL ALIX.

N° 12. — **La diffusion de la fortune mobilière en France,** par M. RAPHAEL-GEORGES LÉVY.

N° 13. — **Le rôle social de l'écrivain,** par M. RENÉ DOUMIC.

N° 14. — **La coopération, ses bienfaits et ses limites,** par M. MABILLEAU, correspondant de l'Institut.

N° 15. — **Les solutions socialistes et le fonctionnarisme,** par M. EUGÈNE ROSTAND.

N° 16. — **Salariés et capitalistes,** par M. DANIEL ZOLLA.

N° 17. — **Voyage social en Allemagne,** par M. GEORGES BLONDEL.

N° 18. — **Le rôle social de la colonisation,** par M. J. CHAILLEY-BERT.

(*V. la suite*, p. 28.)

SÉANCE DU VENDREDI 12 FÉVRIER 1897

ALLOCUTION DE M. A. LEROY-BEAULIEU

PRÉSIDENT

M. LE PRÉSIDENT. — Messieurs.... (*Vive l'anarchie !
A bas la patrie ! — En voilà un qui est patriote ! —
Oui, parfaitement, je m'en flatte ! — A la porte ! — A
bas les assassins !*).... Messieurs, en ouvrant cette séance
(*Rires et bruit*), je tiens à vous rappeler (*Vive l'Inter-
nationale !*), je tiens à rappeler à ceux d'entre vous qui
l'auraient oublié (*A bas la patrie !*) que ces conférences
(*Taisez-vous ! — Bruit*) ne sont qu'une partie de notre
œuvre, la plus bruyante assurément, mais non peut-être
la plus efficace. (*Rires et applaudissements.*) Notre ennemi, Messieurs, l'ennemi que nous combattons de toutes
nos forces, c'est l'ignorance (*Bruit*), l'ignorance des questions sociales, et cette ignorance, nous la combattons à
fois par la plume et par la parole, par des conférences
publiques et par des conférences privées. (*Applaudissements. — Sifflet.*)

Hier encore, un de nos amis, mon confrère et collègue
M. Stourm (*Applaudissements*) faisait, rue de Trévise,
devant un auditoire plus calme, je ne dirai pas plus sé-
rieux que celui-ci (*Ah ! ah ! Rires*), une conférence sur
la question de l'impôt et du budget. (*A bas l'armée ! A
bas les tortionnaires ! A bas les assassins !*) J'ajoute,
Messieurs, que nous ne bornons pas notre activité à

— 4 —

Paris. Nous n'avons pas la superstition de Paris. Nous ne sommes pas de ceux qui croient que la capitale est tout en France. (*Applaudissements.*) Nous nous adressons également à la province, aux départements. (*Ah! ah!*) Nous avons inauguré récemment une Correspondance économique et sociale que nous adressons à 800 journaux de province. En outre, nous avons fait déjà plusieurs conférences dans nos grandes villes, et je peux dire que nous y avons généralement rencontré un accueil qui était fait pour nous encourager. Cette semaine encore, mon voisin et ami M. Georges Picot était à Bordeaux (*Oh! oh!*) et il se faisait applaudir, avant-hier, par la jeunesse universitaire de la Gironde. (*Applaudissements. — Sifflets. — A bas les sifflets de la Forêt-Noire! — Bruit.*) Moi-même, Messieurs (*A bas l'armée!*), moi-même j'étais, il y a une quinzaine de jours, à Lille (*Bruit*), et j'ai eu la joie d'y assister, lors des dernières élections municipales complémentaires, à la défaite des collectivistes. (*Applaudissements redoublés. — Sifflets. — Vive la Commune!*)

J'ajouterai, Messieurs, que je crois avoir le droit de dire que notre action n'a pas été étrangère à cette victoire de la raison et du patriotisme. (*Applaudissements répétés. — Vive l'anarchie! — A bas l'anarchie! — A bas la patrie! Chant de la Carmagnole. — A bas la Sociale! — Vive la Sociale! Vive l'anarchie!*)

Messieurs, — l'anarchie, vous nous en donnez une leçon en ce moment. (*Rires et applaudissements. — Sifflets.*) Vous me rappelez, Messieurs les socialistes, une coutume antique dont vous avez sans doute entendu parler ; vous savez à quoi servait l'ilote ivre. Je crois que vous êtes venus ici jouer ce rôle de l'ilote ivre! (*Applaudissements répétés. — Arton! Panama! Panama! Panama!*) Messieurs, j'ai déjà eu l'honneur de vous dire que lorsqu'on s'appelle Leroy-Beaulieu, le nom de Panama ne peut rien avoir de désagréable aux oreilles. (*Si!*)

Un assistant. — Vous avez tous touché! toute la classe bourgeoise a touché!

M. le Président. — Messieurs, j'ai le droit de dire que notre œuvre s'étend et se fortifie chaque jour, et j'ajouterai qu'elle n'est pas à la merci des tapageurs d'une réunion comme celle de ce soir. (*Applaudissements.*)

Si nous vous avons convoqués, Messieurs, encore aujourd'hui, à une réunion publique, ce n'est pas, croyez-le bien, pour le vain plaisir ou la vaine gloriole de braver les gamineries et les insultes de quelques jeunes égarés. Non, Messieurs, c'est que nous croyions que, par ces réunions, nous pouvions contribuer à l'éducation de la jeunesse française, c'est que nous espérions, par là, former la jeunesse universitaire aux mœurs de la liberté. (*Applaudissements.*) Messieurs, si nous nous sommes trompés, si la jeunesse contemporaine n'a ni le goût ni le sens de la liberté (*Sifflet*), nous aurons au moins donné un exemple de courage et de virilité (*Ah ! ah !*), qui, par ces temps de lâcheté, par ces temps de mollesse, n'est peut-être pas inutile. (*Applaudissements.*)

Messieurs, vous allez entendre aujourd'hui comme conférencier M. Chailley-Bert. C'est un homme d'action non moins qu'un savant et un écrivain, je pourrais presque dire un apôtre.... (*Oh ! oh ! Sifflets.*) Oui, un apôtre, tant il a apporté de zèle et de dévouement à l'étude des questions de colonisation. (*Vive le Tonkin ! Vive Madagascar ! — Bruit. — A bas le Czar !*)

Messieurs, si vous voulez que ces réunions cessent d'être publiques, cela dépend de vous. Nous faisons encore aujourd'hui une expérience.... Il dépend de vous que ces conférences restent publiques, ou qu'elles soient fermées.

La colonisation, Messieurs, sera probablement regardée par les historiens futurs comme la plus grande œuvre de notre siècle finissant. Ce n'est pas seulement une question politique, nationale, c'est une question sociale. (*Ah ! ah !*) C'est ce que M. Chailley-Bert va vous montrer. Je souhaite, Messieurs, qu'il fasse passer en vous quelque chose de l'ardeur généreuse qui l'anime.

La parole est à M. Chailley-Bert.

LE ROLE SOCIAL

DE LA COLONISATION

M. Chailley-Bert. — (*Sifflets. Applaudissements.*) Mesdames, Messieurs.... (*Bruit. — Un assistant: Laissez-le commencer, quoi!*).... avant d'aborder le sujet que j'ai à traiter devant vous, je dois modifier légèrement le titre qui en a été indiqué. (*Un assistant : Je réclame mes deux sous, alors!*) J'avais indiqué le sujet suivant : « Rôle social de la colonisation. » Je suis obligé de compléter mon titre et de dire : « pour un pays comme la France et avec les colonies qu'elle possède actuellement.... » (*Un assistant : pour combien de temps ?*) Le problème de la colonisation, en effet, se pose d'une façon qui varie avec l'état social de la métropole et la nature des colonies qu'elle possède.

Messieurs, le côté social de la colonisation apparaît dès le début, dès l'heure même de la conquête et de l'expansion. (*Bruit.*)

La colonisation est le résultat de circonstances sociales.

La colonisation n'est pas chose qui s'improvise. Elle n'est pas, elle ne peut pas être le résultat de la volonté d'un homme d'État.... (*Méline ! — Ferry ! — Vive Ferry ! Gloire à Ferry ! — Vive Laroche ! — Madagascar !*).... pas plus qu'elle ne peut être le fait de la volonté d'un peuple. Elle est le résultat de circonstances sociales que l'on ne peut créer ni empêcher d'exister. (*Bruit.*)

Si les circonstances propres à la colonisation se rencontrent, la colonisation a lieu, quand bien même on voudrait l'empêcher, et si ces circonstances ne se rencontrent pas, on aura beau décréter par des lois, et chercher à déterminer, par des sacrifices en hommes et en argent, une politique coloniale, cette politique coloniale ne peut pas réussir. (*Un assistant : Et Doumer.... d'outre-mer !*) Quelles sont les circonstances qui peuvent déterminer, dans un pays comme la France, l'avènement d'une politique coloniale ? (*Un assistant : La surproduction ! — L'accaparement !*) Ce sont toutes des circonstances d'ordre social contre lesquelles il n'est pas possible de lutter. (*Oh ! oh !*)

Le développement de la population pousse à la colonisation.

La plus importante et, en tout cas, la plus évidente de ces circonstances est l'excès de la population dans la métropole. Il arrive un moment où, par suite du nombre des naissances, l'encombrement est si considérable que le commerce, l'industrie, l'agriculture, les fonctions publiques n'offrent plus un débouché suffisant à l'activité des générations grandissantes. La lutte pour la vie devient si âpre que beaucoup, qui jusqu'alors n'avaient jamais songé à quitter le sol natal, se préoccupent de trouver au dehors une terre moins encombrée : c'est l'origine et le début de toute politique coloniale.

L'exode commence peu à peu ; d'abord des individus, puis des familles, puis des villages entiers s'en vont les uns à la suite des autres. Parfois, comme, de nos jours, il ne reste guère de régions neuves où ils peuvent se fixer et fonder des colonies de toutes pièces ; ils vont se fixer à l'étranger, sous la domination d'autres gouvernements. Mais, à la longue, la métropole s'émeut de cette dépopulation qui ne lui profite guère ; elle consulte la carte du globe pour voir s'il ne s'y trouverait pas quelque partie, encore inappropriée par une puissance de notre civilisation, où elle pourrait planter son drapeau, à l'ombre duquel s'établiraient des nationaux. Cette fois, on est en plein dans la politique coloniale, dans la politique de conquête et d'établissement.

L'accumulation des capitaux pousse à la colonisation.

Dans un pays comme la France, ce ne peut plus être, à la fin du XIX° siècle, l'excès de population qui détermine les entreprises coloniales ; mais ce peut être l'abondance des capitaux. (*Ah ! ah ! Vive le capital !*)

Quand les capitaux, dans une société, deviennent trop abondants.... (*Bruit. — Un assistant : Taisez-vous donc, vous êtes insupportables !*) Écoutez, Messieurs, vos chefs vous font signe de recueillir cet aveu d'un économiste de l'école appelée par vous capitaliste. Enregistrez-le précieusement : à première vue, il semble qu'il pourra servir les doctrines collectivistes. (*Un assistant : Certainement !*) Eh bien, je dis, et je suis très heureux de dire devant vous, que les capitaux, quand ils deviennent trop abondants, ouvrent fatalement l'ère des entreprises coloniales. D'une part, dans le pays, le taux de l'intérêt s'abaisse ; d'autre part, le coût de la vie devient trop cher, et les personnes de condition médiocre ou pauvre n'y peuvent plus rester. (*Applaudissements.*)

Messieurs, je m'explique.

UN ASSISTANT : Voulez-vous me dire, s'il vous plaît.... (*Assez ! assez ! Assis ! assis !*) — Monsieur, je vous demande.... (*Assis ! assis !*)

M. LE PRÉSIDENT. — Je ne puis donner la parole qu'aux orateurs inscrits à l'ordre du jour. (*Applaudissements.*) Faites des conférences, nous vous écouterons. (*Insistance de l'assistant. — Tumulte. — Incident prolongé.*)

M. CHAILLEY-BERT. — Laissez-moi parler, Messieurs. Quand les capitaux sont trop abondants dans un pays, il se produit fatalement, entre autres phénomènes, un phénomène qui s'appelle la baisse du taux de l'intérêt, et la baisse du taux de l'intérêt amène cette conséquence que les personnes qui, auparavant, disposaient de ressources modiques, voient ces ressources tomber à rien ou à presque rien. Avec les petits capitaux qu'elles possédaient, elles pouvaient, auparavant, alors que l'intérêt atteignait encore un taux normal de 4 ou de 5 %, elles pouvaient, avec de l'intelligence et du travail, arriver à se faire, en France même, une situation. Cela est évident. Il y a une vingtaine d'années, quand le taux de l'intérêt était de 5 %, une personne qui disposait, par exemple, d'un capital de 30,000 francs, était assurée d'une rente annuelle de 1,500 francs. Aujourd'hui que le taux de l'intérêt est tombé à 3 %, et même au-dessous, ces 30,000 francs ne donnent plus qu'un revenu annuel de 900 francs, et quelquefois moins; et il est bien certain que ce n'est pas avec un pareil revenu que l'on peut espérer vivre, pas plus qu'avec pareil capital il n'est possible de fonder une entreprise. C'est alors, Messieurs, que dans l'intérêt précisément de cette classe de petits capitalistes qui, dans la métropole, trouve si difficilement l'occasion de tirer parti utilement de son avoir, c'est alors que s'ouvre le champ de la colonisation dans lequel, avec des sommes minimes, il est possible de se créer d'abord une aisance et ensuite même une fortune. (*Applaudissements. — Un assistant : Le baron de Suberbieville, n'estce-pas ?*) Voilà une des causes qui poussent un peuple à coloniser; mais ainsi que je vous le disais, il y en a bien d'autres.

L'avènement de nouvelles classes productives pousse à la colonisation.

C'est, par exemple, — phénomène qui se produit dans le temps présent, — l'entrée sur le domaine de la production de classes sociales qui, jusqu'à présent, s'en étaient abstenues....

Un assistant : C'est cela que vous leur reprochez !

M. Chailley-Bert. — Je ne reproche rien, ne considérant pas, loin de là, la colonisation comme un mal et l'émigration comme une faiblesse. Mais c'est vous probablement qui, très injustement, d'ailleurs, allez le leur reprocher, et je vais vous dire pourquoi.

Il y a eu, pendant longtemps, des classes de la société qui, pour des causes trop longues à relater et que tout le monde, d'ailleurs, connaît, se désintéressaient de la production. C'était, par exemple, autrefois, ce que l'on appelait l'aristocratie de naissance, et, dans un temps plus proche de nous, ce que l'on pourrait appeler l'aristocratie de plaisir. (*Ah! ah!*) Oui, il y a eu, pendant très longtemps, dans notre pays, des gens qui, comme certains d'entre vous, Messieurs, considéraient que le travail manuel était une chose peu satisfaisante pour leur amour-propre et même pour leur paresse. (*Rires et applaudissements.*) Ces classes vivaient alors de leurs revenus. (*Bruit.*) Aujourd'hui, s'apercevant qu'elles ne peuvent plus vivre de leurs revenus, elles ont pris le parti de vivre de leur travail, et j'ai la conviction que les conséquences de cette décision seront, dans un avenir prochain, très grandes pour notre pays. Pour tous ceux, par exemple, qui se connaissent aux choses de l'agriculture et de l'industrie, il est hors de doute que l'entrée en scène de personnes qui disposent de capitaux et qui sont douées d'une instruction supérieure, peut déterminer dans notre pays l'avènement d'une agriculture et d'une industrie extrêmement brillantes, lesquelles, sous forme de produits, sous forme de salaires, distribueront autour d'elles une immense richesse.... (*Bruit.* — *Un assistant : Richesse pour quelques-uns !*) Mais, en même temps que cette attitude nouvelle des classes que j'ai dites doit produire, dans un avenir prochain, des résultats excellents pour notre pays (*Oh! oh!*), elle détermine, je suis bien obligé de le reconnaître, dans le temps présent, une certaine perturbation économique et sociale, laquelle se manifeste, à échéance plus ou moins brève, par des faits, par exemple, du genre que voici : certaines classes de la société sont inévitablement expropriées des places qu'elles occupaient auparavant En effet, Messieurs, comment est-ce que, pendant longtemps, se sont recrutés chez nous les chefs d'industrie ? A l'époque à laquelle je fais allusion, quand les fils de famille.... (*Ah! ah! les fils à papa!*) Mais vous en êtes, vous, des fils à papa! Êtes-vous donc des travailleurs? Pas même des travailleurs de la pensée!

Eh bien, je dis que les fils de famille n'ayant pas encore, à cette époque, pris le parti de se réfugier dans le travail, les entreprises fondées ou développées par le père n'étaient pas continuées par les fils. Ainsi, dans une des villes les plus industrieuses de ce pays, à Lyon, une statistique bien curieuse a démontré que les raisons sociales : « Un tel et fils, » ou « Les fils d'un tel, » ou « Tel, successeur de son père, » ne représentaient guère, pendant longtemps, plus de 3 % de l'ensemble des maisons de commerce et d'industrie. De cet état de choses que résultait-il? Il résultait que la démocratie trouvait justement dans ces maisons des issues constamment et largement ouvertes. C'était pour elle un moyen de s'élever à de belles positions sociales. Et ce fait est si peu contestable que si vous demandez, à l'heure actuelle, à beaucoup de chefs de maisons de commerce et d'industrie de cette même ville de Lyon, quelle est leur origine, ils vous diront que tous ou presque tous ils sont d'anciens ouvriers ou des fils d'ouvriers. (*Applaudissements.*)

Ces anciens ouvriers, Messieurs, ayant débuté dans l'industrie par les plus humbles emplois, en étaient arrivés à y prendre la place que dédaignaient les enfants de la maison (*Applaudissements*), et c'est ainsi que la répugnance, le dédain absurde d'un certain nombre de ces « fils de famille » avaient ouvert aux enfants de la démocratie des situations auxquelles il ne semblait pas qu'ils eussent pu raisonnablement aspirer.

Aujourd'hui, les choses ont changé. Et l'entrée en scène de ces « fils de famille » (*Ah! ah!*) qui, eux, s'aperçoivent qu'ils ne peuvent plus vivre avec les revenus de la génération précédente, et qu'il est indispensable, aux revenus laissés par le père, d'ajouter le produit de leur travail.... (*Un assistant : Le travail des autres, oui*), l'entrée en scène de ces hommes ferme, pour un certain temps, le débouché auparavant ouvert, et en présence de cette révolution sociale, les fils de la démocratie sont bien obligés de chercher ailleurs où exercer leur activité, où employer leurs talents : à ces talents, à cette activité s'ouvre encore le grand champ des colonies. (*Applaudissements.*)

Autres phénomènes qui poussent à la colonisation.

Je pourrais multiplier les exemples de ce genre de phénomènes. Par exemple, quand, pour des causes politiques (je citerai l'effet de certaines lois électorales), le prix de la terre s'est trop élevé, cet instrument de travail venant à manquer à toute une partie de la population, beaucoup de cultivateurs sont forcés de quitter la patrie et d'aller ailleurs gagner leur vie. Ou encore quand une culture qui emploie beaucoup de bras, comme la culture du blé, est remplacée par une autre, comme le pâturage, qui exige beaucoup moins de main-d'œuvre, il y a tout d'un coup une foule de travailleurs disponibles qui se voient obligés de chercher une occupation au dehors, et cette circonstance peut être (a été au xvi° siècle en Angleterre) l'occasion de la fondation de colonies.

De nos jours, le développement rapide de l'industrie, l'emploi de machines qui remplacent des milliers d'ouvriers, ont pu produire un résultat du même ordre, sans compter que l'industrie, supérieurement outillée, arrive bientôt à produire au delà des besoins de la métropole, et cherche, en dehors d'elle, de nouveaux consommateurs, ce qui est encore un argument en faveur de la politique coloniale.

Partout, Messieurs, où existent des raisons sociales de cet ordre, il y a place pour une politique coloniale qui sera féconde parce qu'elle est nécessaire; quand ces raisons n'existent pas, ce n'est ni la volonté d'un homme ni la volonté d'un peuple qui pourraient créer cette politique coloniale et la rendre fructueuse. L'Italie, par exemple, a voulu avoir une politique coloniale; cette politique ne s'appuyait pas sur des circonstances économiques et sociales favorables (mais cela voudrait des distinctions trop longues), cette politique coloniale n'a pas pu tenir, et, à l'heure actuelle, n'était un point d'honneur que nous comprenons parce que nous l'avons partagé, l'Italie abandonnerait probablement ses conquêtes africaines. En revanche, un pays où se rencontrent les circonstances sociales que j'ai indiquées peut avoir des débuts coloniaux difficiles, mais, un jour ou l'autre, ses colonies doivent triompher. Ainsi nous voyons notre Algérie, qui a langui si longtemps, arriver aujourd'hui à un état voisin de la prospérité. (*Bertagna! Bertagna! Bertagna! Chants. — Longue interruption.*) Messieurs, l'Algérie, dont je citais l'exemple tout à l'heure, s'achemine à la prospérité; depuis quand? Depuis le jour où une partie de la population de la France, la population du sud-ouest, ruinée par l'invasion du phylloxera et par l'impossibilité de reconstituer rapidement et sans de grands frais ses vignobles, a été obligée de transporter sur le sol algérien une industrie qui, jusqu'alors, avait fait la fortune de la France. (*Conspuez Doumer, conspuez Doumer, conspuez!* — *Un assistant: Il est à vous, Doumer! C'est un sale radical!* — *A bas les radicaux!* — *A bas les députés! à bas le Palais-Bourbon!* — *Chant de la Carmagnole.* — *A la porte! à la porte!* — *Longue interruption.*)

M. Chailley-Bert. — Messieurs, maintenant, que les fils des bourgeois ont terminé leur petite fête, parlons sérieusement entre nous, fils de la démocratie. (*Rires et applaudissements.*)

Je disais donc, Messieurs, que quand les conditions sociales que j'ai indiquées tout à l'heure se trouvent réunies dans un pays, ce pays peut, ce pays doit même se donner une politique coloniale. Il doit, pour le surplus de sa population et de ses capitaux, chercher un emploi.

Les hommes et les capitaux émigreront à l'étranger si on ne leur ouvre des colonies.

A la vérité, Messieurs, quand se produit l'émigration des capitaux et des activités, on pourrait admettre qu'il est indifférent que ces capitaux et ces activités émigrent en terre de colonie ou en pays étranger. Il est des peuples qui ont à l'étranger des colonies imposantes en hommes et en capitaux. Ainsi le prince de Bismarck disait.... (*Chant de la Carmagnole*) .... le prince de Bismarck, dont ces messieurs sont les plus sûrs alliés, disait.... (*Applaudissements. — Sifflets. — Mort aux vaches!*) .... le prince de Bismarck disait : « Dans l'ordre de la colonisation, il faut distinguer un pays comme l'Allemagne qui a des colons sans colonies, d'un pays comme la France qui (c'était du moins sa prétention) a des colonies sans colons, et de l'Angleterre, qui a des colonies et des colons. » Des colons sans colonies, cela visait l'émigration en terre étrangère. On pourrait soutenir qu'il est indifférent que le courant d'émigration d'une nation se dirige sur une terre étrangère ou sur une colonie nationale. Chaque année, par exemple, il s'en va au Brésil, en Argentine, aux États-Unis un contingent considérable d'Allemands, d'Anglais, de Français. Aux États-Unis, à l'heure actuelle, il y a plusieurs millions d'Allemands émigrés depuis une cinquantaine d'années. En Argentine, il y a plusieurs centaines de mille de Français. Ils y vivent, ils s'y enrichissent, ils y sont heureux. A quoi bon dès lors le luxe de colonies nationales, dont la conquête, tout au moins, coûte si cher? Pourquoi, Messieurs? c'est que cette émigration en terre étrangère est le plus souvent perdue pour la métropole : la terre étrangère dénationalise ceux qu'elle a reçus : les États-Unis ont reçu des Allemands, ils rendent des Américains; l'Argentine a reçu des Français, elle garde des Argentins (à moins qu'elle n'en renvoie quelques-uns en France après fortune faite), et la notion de la patrie se trouve d'autant affaiblie. Voilà pourquoi il ne peut pas être indifférent pour nous de conquérir, de chercher des terres libres sur lesquelles nous enverrions nos enfants pour y fonder de nouvelles France et pour y développer une population française. (*Applaudissements.*)

Colonisation et terres vacantes.

Malheureusement, Messieurs, la difficulté consiste, au siècle où nous sommes, à trouver des terres libres. En effet, les terres qui jadis étaient disponibles ont été peu à peu appropriées par les diverses nations de l'Europe. La France autrefois en a eu sa part; mais des circonstances que tout le monde se rappelle la lui ont fait perdre, et le jour où elle a voulu reconstituer son empire colonial, elle s'est trouvée en face d'une carte du monde sur laquelle les nations comme l'Angleterre, l'Espagne, le Portugal, la Hollande avaient planté leur drapeau, ne laissant plus pour nous que des espaces déjà occupés par des populations importantes en nombre.

Un Assistant. — Vous les avez spoliées, vous les

avez assassinées ! (*Rires. — A bas les Gallifet ! à bas les assassins ! à bas les massacreurs ! — A bas l'Espagne cléricale ! — Vivent les anarchistes ! — Vivent les Hovas ! — Vivent les colonies libres ! — Vive la Réunion libre !*)

M. Chailley-Bert. — La France de l'ancien régime, je viens de le faire remarquer, avait pu se constituer un empire colonial composé de territoires immenses, Canada, Louisiane, etc., sur lesquels vivait une population presque insignifiante et qui, par conséquent, offraient de vastes espaces à ceux de nos compatriotes qui étaient disposés à émigrer. De même l'Angleterre a pu se constituer, dans ce qui fut plus tard les États-Unis, en Australie, au Cap, et, après nous, au Canada, un grand domaine avec des territoires libres qu'elle pouvait offrir à ses innombrables émigrants. Nous, au contraire, rentrés en scène un peu plus tard, nous n'avons pu conquérir que des pays sur lesquels vivait déjà une population indigène, et je puis dire.... j'y arriverai tout à l'heure.... mais je puis dire dès à présent que la manière dont la France a traité ces populations indigènes lui fait et lui fera devant l'histoire le plus grand honneur (*Oh ! oh !*), attendu que seule (*Sifflet*) de tous les peuples, la France, ses administrateurs et ses colons, ont trouvé le moyen de vivre partout avec les indigènes en bonne intelligence.

Un assistant. — Allons donc ! Gallifet ! Gallifet ! (*Sifflets.*)

M. Chailley-Bert. — Venez donc ici qu'on vous voie, au lieu de vous tenir là-haut dans l'ombre. (*Applaudissements redoublés. — A bas Gallifet ! — Quelques interrupteurs envahissent la tribune, s'attaquent au bureau qui se défend et les repousse. — Confusion et tumulte.*)

Un assistant (*à la tribune*). — Citoyens, du calme ! Ne vous laissez pas faire la loi par vingt voyous ! Ce ne sont pas des gens du peuple que ces gamins-là. Ils ont tout à l'heure parlé de la patrie, ils ont tout à l'heure parlé de la France ! Eh bien, jamais un de ces garçons-là n'a fait quoi que ce soit pour le pays, pour la patrie! Souffrirez-vous que de tels individus fassent la loi dans une réunion comme celle-ci? Non ! (*Tumulte et agitation prolongés.*)

M. CHAILLEY-BERT. — Messieurs, au moment où j'ai été interrompu, je vous disais qu'il était essentiel de se procurer des terres libres sur lesquelles on pût envoyer des colons.

Lorsqu'a recommencé pour la France cette politique coloniale qui était une tradition de notre ancien régime, mais qui avait été interrompue par un demi-siècle et plus, il ne nous restait plus de ces grands espaces disponibles, et alors nous avons été obligés de conquérir des espaces déjà habités, et cette circonstance a donné à la politique coloniale de la France un aspect particulier qui n'est ni celui de la politique de notre ancien régime, ni celui de la politique coloniale anglaise. (*Vifs applaudissements.*)

L'empire colonial de la France contemporaine : partie exploitable; partie habitable.

Pour bien comprendre ce qu'est, ce que devait être, ce que sera la politique coloniale de la France, il est indispensable que nous jetions un coup d'œil sur l'ensemble de son domaine : l'action à exercer dépend en grande partie du théâtre.

Messieurs, le domaine colonial de la France se compose de deux parties très différentes : une partie qui est, si l'on peut ainsi parler, le territoire exploitable, et une autre qui est le territoire habitable. Et entre ce mot : exploitable, et ce mot : habitable, je vais vous indiquer quelles sont les différences, avec les conséquences qu'elles comportent. (*Applaudissements.*)

Les territoires que je qualifie, pour plus de concision:

exploitables, Messieurs, ce sont, en général, des territoires placés sous les tropiques. L'Européen peut difficilement y travailler ; ce n'est pas avec ses bras qu'il peut y obtenir des résultats, c'est avec ses capitaux. Cette partie de notre domaine n'est, au moins au début, accessible qu'à ceux qui disposent de capitaux ; par l'intermédiaire des populations indigènes, ils font un commerce rudimentaire dans ses procédés, et plus ou moins fructueux dans ses résultats. Je dois dire, d'après des statistiques qui sont malheureusement trop exactes, que ces résultats sont, surtout dans les commencements et tant qu'on n'a pas acquis une expérience, dégagé une méthode, fort médiocres ; les capitaux, qu'on affecte de charger de tous les crimes, sont souvent compromis, et ce n'est qu'à force de ténacité, en risquant chaque jour davantage, que l'on arrive (et pas toujours) à forcer le succès.

La partie *habitable* de notre domaine se compose d'un certain nombre de colonies qui sont, de tout notre domaine, celles qui ont le plus d'avenir. C'est, par exemple, l'Algérie, la Tunisie, les hauts plateaux de Madagascar, la Nouvelle-Calédonie, certaines parties de l'Indo-Chine.... (*Bruit persistant.*)

M. LE PRÉSIDENT. — Messieurs, je vais faire une proposition : il s'agit de savoir si vous voulez que la conférence continue. (*Oui, oui, oui ! — Aux voix ! aux voix !*)

Je mets aux voix la continuation de la conférence. (*La continuation de la conférence est votée à l'unanimité.*)

UN ASSISTANT. — Tous les socialistes ne sont pas solidaires. (*Vive l'anarchie ! — Voyous !*)

M. LE PRÉSIDENT. — Messieurs, la majorité est d'avis que la conférence continue. La parole est à M. Chailley-Bert. (*Bruit.*)

Les travailleurs européens et la concurrence des indigènes.

M. CHAILLEY-BERT. — Messieurs, dans cette partie habitable de notre domaine qui comprend la Tunisie, l'Algérie, les hauts plateaux de Madagascar, la Nouvelle-Calédonie, même certains territoires de l'Indo-Chine, on a évalué qu'il y avait de la place pour nourrir au minimum de quinze à vingt millions de Français. Il y a donc là des possibilités de très grande espérance pour la politique coloniale. Il semblerait, étant donnés ces chiffres, que nous n'avons plus désormais qu'à ouvrir nos colonies toutes grandes à ceux qui veulent s'y rendre ; que, par exemple, l'ouvrier des champs.... (*Conspuez Deschamps, conspuez Deschamps, conspuez ! — Rires*) n'aura qu'à prendre sa pelle et sa pioche et à se rendre dans une des colonies que je viens de dire.

....Ce serait là, Messieurs, une erreur : nos colonies, à l'heure actuelle, ne sont pas encore prêtes à recevoir les travailleurs. (*Bruit. — Chant de la Carmagnole.*) Ces colonies, à l'heure actuelle, ne sont pas prêtes à recevoir les travailleurs qui viendraient, n'ayant que leur courage, leurs deux bras et leurs outils. (*Un assistant : Ah ! vous en avez du courage, vous, de dire ce que vous dites ! Le Français crève de faim en Tunisie ! — Un autre : Qu'est-ce que c'est que celui-là ? Ça n'est pas un Français, ça doit être un Chinois.*) Messieurs, vous allez en comprendre tout de suite la raison. Supposez, par exemple, que l'un de nos compatriotes.... (*Le Franco-Chinois : Ferme ta gueule, eh ! vache ! — Plusieurs assistants : La censure ! à l'ordre ! — Un assistant : Ce sont de futurs députés ! — Rires,*) Supposons que l'un de nos concitoyens (je change le mot, puisque la terminaison de patriotes effarouche ces messieurs), supposons qu'un de nos concitoyens, dans les conditions que je viens d'indiquer, se rende aujourd'hui à Madagascar ; à peine débarqué, il rencontre une région peu salubre.

LE FRANCO-CHINOIS. — C'est épouvantable ce que vous dites !

M. CHAILLEY-BERT. — Vous ne savez pas de quoi vous parlez !

LE FRANCO-CHINOIS. — Je suis colon !

M. CHAILLEY-BERT. — Vous ? allons donc ! Voulez-vous que je vous dise ? vous êtes un colon du Boul'Mich' ! (*Rires et applaudissements.*)

UN ASSISTANT. — C'est un colon de Nouméa !

LE COLON DU BOUL'MICH'. — Citoyens (*A la porte ! Il est soûl*), une seconde seulement.... J'ai vécu dans les colonies.... tous les colons crèvent de faim dans nos colonies ! (*A la porte ! — Tumulte prolongé.*)

M. CHAILLEY-BERT. — Messieurs, si je n'avais pas été interrompu par une personne qui croit avoir le monopole de l'expérience des choses coloniales (*Rires*), vous suivriez mieux l'enchaînement de mes raisonnements : je reprends.

Nos colonies ne se composent pas de terres libres : elles sont déjà habitées par une population considérable ; de plus, elles sont situées sous les tropiques ; pour ces causes, elles ne se prêtent pas, à l'heure présente, à une colonisation par des gens qui seraient complètement dénués de ressources.

La colonisation actuelle ne peut réussir qu'avec des colons de choix.

La caractéristique de la colonisation française, dans le temps où je parle, c'est que les entreprises coloniales doivent être amorcées par des personnes, compagnies ou capitalistes, qui disposent de ressources, fondent des entreprises, courent des risques, réparent leurs pertes et, au bout de peu de temps, créent des emplois et préparent, pour nombre de gens peu fortunés, des instruments d'aisance et même de richesse. Pour employer une expression vulgaire, ce sont les capitaux qui s'en vont là-bas essuyer les plâtres (*Applaud. — Sifflet*), et qui, par le jeu naturel de la solidarité entre les classes, préparent l'avènement, pour plus tard, des gens moins fortunés qu'eux, jusqu'à ce que, descendant échelon par échelon, jusqu'au dernier degré de l'échelle sociale, on atteigne même les pauvres, sous cette réserve toutefois qu'ils soient des laborieux. (*Applaudissements.*)

Or, la grosse erreur, en matière coloniale, ce qui a été longtemps une cause d'échec, c'est que l'on a cru que l'on pouvait peupler immédiatement les colonies, d'une part, avec des personnes qui n'avaient pas de ressources et, d'autre part, avec des personnes qui n'avaient ni énergie ni valeur morale. (*Applaudissements. — Vive l'anarchie! A bas la patrie!*)

M. LE PRÉSIDENT. — Vous n'êtes pas Français, Monsieur, ou vous n'êtes pas digne de l'être! (*A bas les Allemands! A la porte! Nous ne voulons pas de mouchards ici! — Un assistant : C'est un Prussien. — Un autre : Il n'y a donc pas de police ici pour le faire sortir!*)

M. CHAILLEY-BERT. — Messieurs, les colonies ne peuvent réussir et même ne peuvent vivre que si elles sont peuplées de gens ayant non seulement quelques ressources initiales (ce qui est indispensable), mais surtout des qualités morales : le goût du travail, l'esprit d'économie, la ténacité, la respectabilité. Prétendre les peupler avec des gens de valeur dégradée, d'énergie entamée, de fortune compromise, en un mot avec tous les ratés de la métropole, c'est un paradoxe et une impossibilité. (*Vifs applaudissements. — Sifflet.*)

Conditions que doivent remplir les colonies pour attirer de pareils colons.

Messieurs, il est bien évident que si la colonisation contemporaine exige de pareilles conditions de la part des colons, ces colons à leur tour peuvent exiger, doivent exiger des garanties de la part des colonies. Ils ne s'en iront donc pas à l'aventure dans la première terre venue où notre gouvernement aura planté son drapeau. Tout homme qui a travaillé sait que la terre en soi est bien peu de chose. Donnez-lui 50, 100 hectares de terre, en plein pays, à vingt lieues des côtes, sans route, sans canal, sans port sur la mer, que fera-t-il de ce don ? Rien : la terre n'a aucune valeur, les produits de son travail n'en ont que très peu. Quand il aura consommé ce qui suffit à ses besoins personnels, vendu une autre partie à ses voisins (s'il en a et s'ils en ont besoin) et mis de côté ce que nécessitent les ensemencements, que fera-t-il du reste ? il le laissera perdre. Il aura vécu, il ne se sera pas enrichi ; il n'aura pas assuré l'avenir, même le plus proche. Pour fonder sa fortune, que lui faut-il ? des instruments de travail plus perfectionnés.

D'abord la terre garantie par des lois de propriété et de transfert, puis des moyens de transport : routes, canaux, voies ferrées, conduisant à un marché, proche ou lointain, où ses produits se vendront et se transformeront en argent, dont une partie sera consacrée à la reproduction et, sinon au début, du moins plus tard, une autre partie à l'épargne. Toute colonie qui n'offre ni la sécurité, ni l'outillage économique, ni au moins un embryon de civilisation et d'administration, ne peut prétendre attirer chez elle des colons de la qualité que je disais plus haut, et pas davantage les capitaux.

De ces colonies, heureusement nous n'en manquons pas : l'Algérie, la Tunisie, l'Indo-Chine, la Nouvelle-Calédonie.

Supposons-y les colons arrivés, et avec eux les capitaux, comment vont-ils se comporter réciproquement ? (*Longue interruption.*)

Coopération du capital et du travail.

Je reprends mon raisonnement, Messieurs. Un exemple

de la façon dont la colonisation par le capital et le travail tout ensemble doit être comprise a été donné précisément par la Tunisie dont nous parlions tout à l'heure. Comment la colonisation tunisienne a-t-elle commencé? Elle a commencé par les capitaux. Il était venu là des hommes qui pensaient qu'ils devaient aider le gouvernement dans la tâche entreprise.... et qui ont mis, dans cette terre de Tunisie, des capitaux, dont tout ce qu'on peut dire, c'est qu'à l'heure actuelle les uns sont compromis et que les autres n'ont pas encore reçu de dividende. (*Un assistant : Oh ! les pauvres chats, ils n'ont pas de veine !*) Donc les capitaux sont arrivés les premiers. Puis, après cette première période, après cette colonisation par les gros capitaux, voici que, maintenant, survient une autre forme de colonisation. Les capitalistes possèdent des terres ; sur ces terres ils ont installé des chefs de culture, des ingénieurs agronomes ; ils ont fait des expériences, essayé des méthodes, dégagé des règles à peu près certaines, en sorte qu'aujourd'hui, à ceux qui viennent après eux, ils peuvent dire à coup sûr ce qu'il convient de faire pour réussir dans une entreprise de colonisation agricole. En conséquence, voici qu'après eux, et s'appuyant sur eux, commencent à partir pour la Tunisie des gens qui disposent de ressources infiniment moindres, des gens qui n'ont pas les millions ni les centaines de mille francs qu'il fallait au début, des gens qui ont 10,000 francs, 5,000 francs, moins encore : 2,000 francs seulement. Et pourquoi ces gens-là y vont-ils ? Parce qu'ils savent qu'ils y trouveront des terres à bon compte ; que d'autres avant eux, et pour eux, ont dégagé les méthodes les plus pratiques en vue d'obtenir les meilleures cultures. Ils savent cela, et ils partent, avec peu d'argent, mais avec des qualités bien faites pour étonner quelques-uns de mes auditeurs, avec des qualités de travail, d'ordre, d'économie et d'endurance. (*Applaudissements. — Sifflet.*)

Et à peine arrivés, ils rencontrent là-bas des mains tendues.

Les effets sociaux de la colonisation.

La colonisation, Messieurs, apparaît ainsi avec ce premier effet social, qui s'appelle la solidarité. (*Un assistant : Pas pour vous ! vous ne pouvez pas en parler, de solidarité ! — Un autre : A bas Ravachol !*)

Dans ces conditions, il est évident que la colonisation ne saurait être un phénomène social fort agréable à ceux qui m'interrompent, puisque leur but à eux est de séparer les classes et d'empêcher ceux qui sont en bas d'arriver en haut, de crainte qu'une fois là, ils ne soient satisfaits de leur sort et ne songent plus à détruire et à renverser. (*Applaudissements. — Sifflet.*)

Un second effet social, bien curieux aussi et bien intéressant, de la colonisation, c'est, si l'on peut ainsi parler, de fournir une soupape de sûreté à la société. Dans une société fortement hiérarchisée, comme est celle d'un vieux pays, les esprits énergiques, les caractères aventureux ne trouvent guère à déployer leurs qualités et à faire usage de leurs forces. Et ce n'est pas là un phénomène contemporain, un phénomène du xixᵉ ou du xxᵉ siècle : il s'est produit presque à toutes les époques de notre civilisation. Je pourrais, dans cet ordre d'idées, remonter très haut et vous citer le grand mouvement des Croisades qui peut, lui aussi, s'expliquer, pour partie, par ce fait que la société, à ce moment-là, était si fortement hiérarchisée que les turbulents, les indisciplinés n'y pouvaient remuer sans être aussitôt comprimés. Mais, sans remonter aussi haut, au xviiᵉ et au xviiiᵉ siècle, les cadres de la société étaient tracés, pour ainsi dire *ne varietur* ; les hommes d'énergie vivace et de caractère intrépide sentaient qu'il leur était difficile de passer par-dessus les obstacles opposés à leur activité ; la noblesse, l'armée, la magistrature avaient mis des barrières tout alentour et gardaient jalousement les avenues et interdisaient l'entrée aux nouveaux venus, aux gens sans naissance ; la petite noblesse, par exemple, ne pouvait forcer les grands emplois ; pour toutes ces causes, petits bourgeois et minces cadets de famille s'en sont allés dans ces belles colonies qui s'appellent le Canada, la Louisiane, Saint-Domingue ; ils y ont trouvé un champ ouvert à leur activité, sans aucun des obstacles que leur opposait la vieille société française, et ils y ont fondé leur fortune en même temps qu'ils contribuaient à la grandeur de notre patrie. (*Applaudissements.*)

Un Assistant. — Ce sont des phrases !

M. Chailley-Bert. — Un de mes honorables interrupteurs s'écrie que ce sont là des phrases ; en effet, Messieurs, parler de la patrie, des moyens de la grandir encore et d'ouvrir des carrières honorables à toute une classe de la population, tout cela ce sont des phrases pour un parti qui affecte de ne pas vouloir s'intéresser à un phénomène aussi considérable que la colonisation et qui, en fait de travail, ne connaît guère que le travail de perturbation et de destruction sociales ! (*Double salve d'applaudissements.*)

A l'appui de la thèse que j'indiquais, les colonies françaises actuelles sont de date trop récente pour pouvoir fournir des exemples. Mais des exemples, j'en trouverai dans les colonies anglaises, dans celle du Cap, par exemple, où nous avons vu ces jours-ci encore des hommes qui peut-être, à force d'énergie et de vigueur de caractère, eussent été dans leur pays de dangereux éléments de désordre et qui, partis pour les colonies, y ont trouvé un champ libre à leur activité, donné un libre essor à leur puissante organisation et ont conquis pour leur patrie de nouveaux empires. Ces hommes, qui s'appellent des Cecil Rhodes et des Jameson, nous pouvons, du point de vue social et du point de vue moral, penser d'eux ce qui nous plaira ; mais ce sont de vigoureux caractères, des énergies indomptables : ils laissent derrière eux leur patrie plus grande qu'ils ne l'ont trouvée. (*Applaudissements.*) Eh bien, moi, Français, je ne serais pas fâché, pour le plus grand bien de ma patrie, de voir, dans nos colonies françaises, s'en aller quelques-unes des énergies de notre pays, et par exemple de ces énergies qui ne s'exercent dans cette salle que pour empêcher l'exposé d'idées utiles ou nobles et de désirs généreux. (*Applaudissements. — A bas les assassins! assassins! assassins! — A bas les lanceurs de bombes! — Sifflet.*)

Voilà, Messieurs, un deuxième effet social de la colonisation. En voici un troisième. Les colonies une fois peuplées peuvent devenir, elles tendent à devenir (et ceci pourrait être de nature à vous intéresser), elles tendent à devenir un laboratoire d'expériences sociales.

Un assistant. — Ah! un laboratoire, toujours la même guitare!

M. Chailley-Bert. — Naturellement, vous pouvez le nier, et je n'ai pas d'exemples bien concluants à indiquer dans les colonies françaises, quoique cependant l'Algérie et la Tunisie en pourraient fournir d'un certain intérêt; mais j'en connais de certains et de probants dans les colonies anglaises, notamment en Australie. Là, un certain nombre de phénomènes sociaux ont été étudiés, les problèmes ont été mûris, et les solutions vont pouvoir, de ces colonies, être transplantées dans la métropole. (*Interruptions. — Tumulte.*) Je ne puis, vous le comprenez, insister, au milieu de ces interruptions, sur des qustions dont l'exposé voudrait une grande sérénité d'esprit; je citerai cependant, à titre d'exemples, les solutions si intéressantes relatives à la propriété foncière, et celles qui concernent les femmes et leur situation dans la famille, dans la cité, dans la nation.

Enfin, Messieurs, — car il faut finir — un dernier effet social de la politique coloniale, et l'un des plus respectables et des plus utiles, c'est que cette politique est calculée pour augmenter en nous, pour aviver, pour surexciter, et, en effet, surexcité l'amour du pays. (*Applaudissements. — Cris : A bas la patrie!*)

M. le Président. — La patrie est au-dessus de vous!

M. Chailley-Bert. — Parmi ceux qui sont allés dans les colonies, il n'en est pas un seul qui ne se soit aperçu de ceci : combien toutes les discussions politiques qui nous passionnent en France apparaissent là-bas immédiatement secondaires ! Quand, par exemple, pour vous rendre dans les colonies d'Indo-Chine, vous avez traversé cette longue série d'escales presque toutes anglaises; qu'après avoir quitté la France, vous avez vu presque partout flotter le drapeau de l'Angleterre, le jour où vous débarquez enfin en terre française, vous éprouvez quelque chose comme une libération; c'est un cauchemar qui se dissipe ! (*Applaudissements.*) De nouveau, vous retrouvez la France et, aussitôt, tous ces grands sentiments qui remuent et mènent les hommes, et qui, pendant longtemps, continueront encore de les remuer et de les agiter, ces sentiments reprennent tout leur empire, et je crois bien que même ceux qui m'interrompent ici, s'ils étaient dans les colonies françaises, deviendraient, malgré eux, d'ardents patriotes.... (*Un assistant : Nous serions tout aussi bien volés que dans la métropole !*).... et que, le jour où, comme cela est arrivé autrefois, nos colonies seraient menacées par l'étranger, on les verrait se joindre aux autres éléments de la population pour les défendre contre l'envahisseur. (*Applaudissements. — Sifflet.*) Vous le niez? Je crois que vous êtes de bonne foi à l'heure actuelle; mais je vous affirme que si jamais vous sortiez de France, si vous aviez, à travers votre course, vu défiler devant vous ces colonies anglaises, espagnoles ou allemandes, et senti sur votre cœur le poids de leur masse, vous verriez s'éveiller en vous des sentiments que vous niez aujourd'hui, et ayant une fois remis le pied sur le sol français, ce sol vous apparaîtrait à jamais comme une chose sacrée !.... (*Ah ! ah ! Bruit. — Applaudissements prolongés.*)

M. le Président. — La séance est levée.

Sténographié par Gustave Duployé, 36, rue de Rivoli.

PUBLICATIONS DU COMITÉ

(Suite)

BROCHURES in-18

(Couronnées dans le Concours de 1895-1896.)

A. — **La Propriété est-elle légitime ?** par M. André Vovard, lauréat de la Faculté de droit de Bordeaux.

B. — **Les Adversaires de la propriété,** par M. de Saint-Genis, ancien conservateur des hypothèques.

C. — **Le Principe de la propriété,** par M. le pasteur Maurice Constançon.

TRACTS

La Propriété. — Dialogue entre deux paysans.

Histoire d'une casquette.

La Nationalisation du sol. — Dialogue entre un paysan et un socialiste.

Le plus coûteux des gouvernements.

Mes griefs contre le socialisme. — Dialogue entre un progressiste libéral et un socialiste.

TABLEAU DES PRIX DE VENTE

	1 EXEMPL.	10 EXEMPL. ASSORTIS *franco*	100 EXEMPL. ASSORTIS *franco*
Conférences	0 05	0 50	5 »
Brochures	0 25	1 50	11 »
Tracts	» »	0 15	0 70

LA RÉFORME SOCIALE

REVUE BIMENSUELLE

Fondée par F. LE PLAY, en 1881

Avec la collaboration de MM. **Ant. d'Abbadie, Paul Allard, J. Angot des Rotours, F. Auburtin, Albert Babeau, Paul Baugas, H. Beaune, Bérenger, A. Béchaux, G. Blondel, V. Bogisic, Victor Brants, J. Cazajeux, E. Cheysson, A. des Cilleuls, A. Delaire, Ch. Dejace, Arthur Desjardins, Paul Desjardins, Ernest Dubois, E. Dutholt, Etcheverry, G. Fagniez, Fournier de Flaix, Fougerousse, Funck-Brentano, Albert Gigot, Ernest Glasson, Louis Guibert, Gruner, Urbain Guérin, Hubert-Valleroux, J. Imbart de la Tour, Henri Joly, Armand Julin, Clément Juglar, J. Lacointa, Lagasse, René Lavollée, Léon Lefébure, Albert Le Play, Anatole Leroy-Beaulieu, E. Levasseur, Raphaël-Georges Lévy, Paul de Loynes, De Luçay, Du Maroussem, Jules Michel, A. Moireau, L. Ollé-Laprune, G. Picot, O. Pyfferoen, A. Raffalovich, J. Rambaud, Ch. de Ribbe, Eugène Rostand, Santangelo Spoto, René Stourm, Victor Turquan, Maurice Vanlaer, Welche, etc., etc.**

La Réforme sociale étudie les problèmes économiques et sociaux qui tiennent aujourd'hui le premier rang dans les préoccupations de l'opinion publique. Elle en demande la solution à l'observation des faits et à la pratique des lois morales, selon la méthode de F. Le Play, en dehors de tout esprit de parti et de toute théorie préconçue. Elle préconise tout un ensemble de réformes dont le cours des événements démontre de plus en plus l'urgente nécessité, et auxquelles se rallient chaque jour les esprits les plus éminents. Grâce à la sympathie grandissante que lui a témoignée le public éclairé, elle a pu, en commençant sa 3ᵉ série, prendre des développements considérables.

La Réforme sociale paraît le 1ᵉʳ et le 16 de chaque mois par fascicule in-8ᵒ de 80 pages, et forme par an deux forts volumes de 900 à 1,000 pages chacun, complétés par des tables analytiques.

Une bibliographie méthodique analyse, au point de vue social, tous les recueils périodiques importants de la France et de l'étranger, ainsi que les publications nouvelles. Par cette innovation *la Réforme sociale* est devenue le guide le plus utile pour ceux que leur profession ou leurs études obligent à être rapidement et sûrement renseignés sur le mouvement social contemporain.

Conditions d'abonnement. — France, un an, **20** fr.; six mois, **11** fr. — Union postale : un an, **25** fr.; six mois, **14** fr. — En dehors de l'Union postale, port en plus.

Les membres des Unions de la Paix sociale reçoivent *la Réforme sociale* en retour de leur cotisation annuelle de **15** fr.

Bureaux : Rue de Seine, 54

LES OUVRIERS DES DEUX MONDES

ÉTUDES SUR LES TRAVAUX
LA VIE DOMESTIQUE ET LA CONDITION MORALE
DES POPULATIONS OUVRIÈRES

DEUXIÈME SÉRIE — Tome IV
PRIX : 15 francs.

Dernières monographies parues : *Ajusteur surveillant à l'usine de Guise; Ébéniste parisien; Métayer du Texas; Ouvrière en jouets parisiens; Savetier de Bâle; Ouvrier employé de la Papeterie coopérative d'Angoulême; Fermiers du Forez; Armurier de Liège; Fileur du Val des Bois; Cordonnier d'Iseghem, Métayers et Journaliers des Romagnes; Mineur et Agriculteur du Pas-de-Calais.*

Commencée en 1856, sur le vœu émis par l'Académie des Sciences en couronnant les *Ouvriers européens* de F. Le Play, cette publication réunit, sous la forme de monographies de familles avec budgets domestiques et tableaux statistiques, des documents du plus haut intérêt pour l'histoire des faits économiques et la discussion des questions sociales.

Il paraît un fascicule tous les trois mois. Prix : **2** fr. En souscrivant d'avance : **1** fr. **50**. Le tome V est en cours.

———

Instruction sur la méthode des monographies.
Nouv. édit. 1 vol. in-8º . . . **2** fr.

———

LA RÉFORME SOCIALE
ET LE CENTENAIRE DE LA RÉVOLUTION

Travaux du Congrès de 1889, avec une lettre-préface de M. Taine, et une introduction sur les principes de 1789, l'ancien régime et la Révolution. In-8º. **10** fr.

Comité de Défense et de Progrès social

Patrie, Devoir, Liberté.

BULLETIN DE SOUSCRIPTION

Le Comité, sans demander aujourd'hui de cotisation régulière, recevra avec reconnaissance les souscriptions de Vingt francs et au-dessus, afin de couvrir les frais d'organisation et de publication des conférences, tant à Paris qu'en province.

Je soussigné (nom et adresse lisibles) ....

....

....

mets à la disposition du Comité la somme de ....

....

jointe au présent bulletin en mandat, bon ou chèque;
ou bien : *que le Trésorier pourra faire toucher à mon*
domicile, à partir du ....

....

(Date et Signature)

Adresser les **Bulletins de Souscription** à M. Delaire, Secrétaire-Trésorier du Comité, *rue de Seine, 54, à Paris.*

BESANÇON. — IMPR. ET STÉRÉOTYP. DE PAUL JACQUIN.

234

www.ingramcontent.com/pod-product-compliance
Ingram Content Group UK Ltd.
Pitfield, Milton Keynes, MK11 3LW, UK
UKHW021042220726
13924UKWH00001B/483